AF227502

LE GUILLON

RECUEIL

dédié

AUX AMIS

de la

LIBERTÉ

par

UN JEUNE DÉMOCRATE

Je suis fils de Brutus et je porte en mon cœur
La liberté gravée et les rois en horreur.
VOLTAIRE.

Prix : 25 Centimes

LYON

Imprimerie BERTHET aîné, rue de Chartres, 26

1885

PRÉFACE AU LECTEUR

Ami Lecteur,

Certes, il faut avoir souffert pour connaître et pour donner un réel aperçu des malheurs et des misères inconnues du riche, de ces maux qui planent sans cesse sur les travailleurs et sur tous les déshérités de la fortune.

Que le seul désir d'apprendre aux sérieux ennemis de notre République qu'il existe encore, pour la défendre et maintenir ses institutions, des hommes de cœur, sans ambition et sans vénalité, qui ne faibliront point.

Que le seul amour de la liberté conduise ces jeunes gens qui songent à l'avenir, à la lumière et au progrès, pour l'amélioration de notre état social.

S'occuper de politique, c'est faire son devoir; s'abstenir de voter est une lâcheté, et je crois fort que le parti de l'abstentionisme disparaîtra avec celui de l'ignorance et de l'erreur.

Ce sont mes convictions, si je parle un peu brièvement dans ce petit recueil. Je parle avec les travailleurs. Ouvrier, j'ai souffert. Je connais le mépris du riche et la misère du pauvre. Pourquoi le riche méprise-t-il le malheureux? C'est qu'il se croit sûr de ne point le devenir et qu'il suit les trop funestes conseils des marchands du temple.

> Sans connaître la vie, je connais trop le monde;
> Je préfère aux palais ma retraite profonde.

Mais tant que je verrai l'injustice et la vénalité, je serai là, Peuple, pour te crier, comme au voyageur égaré : arrête! voici ton chemin.

Trop heureux si, par mes faibles écrits, je puis vous aider et vous inspirer, cher Lecteur, les sentiments de fraternité, de solidarité et de justice qui ne me quitteront qu'avec la vie.

UN JEUNE DÉMOCRATE.

LE GUILLON

Le quartier de la Guille..., du Guillon, je l'appelle ;
La cité ouvrière, tapageuse et fidèle ;
Pour la démocratie, son levier tout puissant
Peut compter sur les bras des jeunes, des vaillants
Qui feront leur devoir pour la mère-patrie
Et sauront lui donner et leur sang et leur vie.
La prudence, aujourd'hui, guide ces jeunes cœurs ;
Ils disent aux prétendants : nous serons les vainqueurs
Nous n'ajoutons plus foi à votre droit divin ;
Comploter contre nous, je vous dis c'est en vain ;
Car nous sommes lassés des tyrans ambitieux,
De ces bouchers sanglants, de ces monstres affreux.
Non, nous n'en voulons plus, le progrès le demande;
Je réclame mon droit, je veux qu'on me le rende.
Ainsi dit la jeunesse aux partisans pressés :
De profundis à vous, mais laissez-nous passer.

AU PEUPLE

Si je veux m'inspirer une vraie vérité,
Je puise mon écho aux bruits de la cité ;
Là, je vois la grandeur de la richesse altière,
Par un luxe outrageant, insulter la misère.
Condamné à rester inconnu du Lecteur,
Je pouvais laisser faire, agir l'imposteur ;
Rester humble ouvrier dans mon humble retraite,
Espérer de la vie une joie plus parfaite,
Aller me divertir où se rend la jeunesse
Et laisser de côté la raison, la sagesse
Pour suivre la folie, la joie et le plaisir,
Au lieu de travailler pour ne rien recueillir.
Mais pour l'humanité, c'est pour le prolétaire ;
Oui, je veux travailler, je ne saurais me taire ;
Mon âme soulevée d'une ardeur nouvelle,
Par la satire outrée frappera de plus belle.
Ma muse courroucée saura lancer sa foudre
Sur l'inégalité que je ne puis absoudre.

Déjà, dans cette vie, je ne vois qu'injustice ;
Plus de grandes vertus, de partout c'est le vice
Qui domine sur les grands, les nobles, les opulents
Qui, devant la misère, se promènent indolents.
Pourtant il faut manger, ventre n'a point d'oreille
Et pour donner le pain, le vice est en éveil ;
Comme la fleur des champs qu'à l'automne on fauche
La misère, la faim entraîne la débauche.

Et qui donc est la cause de ces iniquités ?
Ce sont les opulents, par leurs rapacités ;
Ils vivent de nos bras et de notre sueur,
Ils rêvent le beau temps de l'antique seigneur.
A leurs ressentiments ils joignent la politique ;
Rustres, vous disent-ils, c'est là votre république.
Voilà bientôt quinze ans, croyez-vous qu'elle existe ?
Toujours dans la misère, et pas un de vous subsiste ;
Si vous êtes sans travail, mes sentiments à moi :
Tout irait pour le mieux si nous avions un roi.
Mais à ce bel appât pas un ne veut toucher ;
Des monstres, des tyrans, le peuple est trop lassé,
Car des coups d'État le peuple qu'on mitraille
Se souviendra qui donc ? on nommait la canaille.

QUATRE-VINGT-NEUF

Quatre-Vingt-Neuf, la grande époque rénovatrice, qui nous a donné les droits de l'homme et le suffrage universel, ne fut pas mieux inspiré, lorsque d'une seule et unique voix il proclamait la liberté de la presse, la liberté d'écrire et d'exprimer de vive voix les besoins de tout un peuple opprimé depuis des siècles.

Chaque département, chaque district, village ou hameau avait ses représentants à la Convention. Ces citoyens, ces hommes, avaient pour mission ou, si vous aimez mieux, pour mandat de défendre les intérêts du faible vis-à-vis du fort. Et c'est avec le seul amour de la grandeur de la patrie et de sa liberté que ces grands citoyens travaillaient à l'amélioration de la classe ouvrière, que ces pères veillaient à la sûreté de leurs enfants.

Mais s'il était écrit que l'on s'occupât des droits de l'homme, de réformer les lois, d'abolir la royauté, de supprimer la gabelle et les droits seigneuriaux, n'était-il pas dit que l'on s'occupât aussi des droits de la femme? n'était-il pas dit que l'on s'occupât de celle qui, suivant le hasard de la nature, peut être notre sœur, notre mère ou notre épouse? On s'occupa du salaire de l'ouvrier, mais point du tout de celui de l'ouvrière. Cette injustice était due alors à l'instruction, qui n'était pas, je puis l'assurer, arrivée au progrès actuel.

Aujourd'hui nous avons la femme employée de gare, secrétaire, chef de bureau ; mais ces emplois sont-ils encore privilégiés. Chez l'ouvrière on trouve aussi bien les capacités voulues pour la comptabilité, pour le dessin, pour la peinture, que l'on trouve parmi les hommes déshérités de la fortune de grandes capacités pour les arts cités plus haut, avec la seule différence qu'ils appartiennent au sexe fort. La misère, l'abandon, le chagrin sont la cause de la perte de beaucoup de malheureuses, en y joignant la faiblesse du salaire. Et l'on voit encore au dix-neuvième siècle bon nombre de malheureuses qui, pour ne point mendier, pour ne point souffrir la faim, pour pouvoir donner du pain à leurs enfants, se voient obligées de se livrer à la prostitution.

Oh ! honte aux législateurs, honte à ceux de notre siècle qui n'ont point su, pendant leur passage, s'occuper de cette grande question humanitaire, qui dépend, le dirai-je, même de la grandeur de la nation !

Je veux parler de l'abandonnée, de la veuve, de la délaissée, de l'ouvrière. Car ce n'est point avec la rétribution accordée de ces jours pour les travaux de la femme que l'on dira que nous marchons dans l'égalité et dans la justice. Non, mille fois non ; c'est marcher comme l'écrevisse, à reculon. Car ce n'est point avec un pantalon payé trente à quarante centimes de façon que la couturière, que la fille seule, que la veuve, que l'abandonnée pourra se nourrir, se vêtir et payer sa location. Cela lui est absolument impossible; en fît-elle deux par jour; elle ne peut point subvenir à ses besoins journaliers. Il faut donc s'emparer au plus tôt de la loi ayant pour but l'augmentation du salaire et la durée du travail de l'ouvrière.

C'est au nom du peuple français et de sa grandeur que nous devons traiter la femme à notre égal, moins l'élection, et former des lois inviolables pour le salaire et la durée du travail de l'ouvrier comme de l'ouvrière.

Notre force à nous, travailleurs, c'est le suffrage universel, c'est l'entente, c'est la commune, idée de la revendication de nos droits qui est aussi la défense de nos intérêts.

Et que pourrait la réaction, que pourrait la monarchie, tous les prétendants, en un mot, d'un empire chimérique, devant l'union du peuple, dévoué à une république anti-cléricale, une et indivisible? Ils se retireraient honteux comme le corbeau de la fable jurant, mais un peu tard, qu'on ne l'y prendrait plus.

Notre faiblesse, c'est l'enthousiasme que nous mettons pour élire nos candidats, à qui nous confions, trop souvent les yeux fermés sur le passé, le devoir et le pouvoir de nous défendre et de défendre nos intérêts. Toujours confiants en l'avenir.

Nous voulons aussi tous avoir pour mandataires des gens riches ou du moins aisés. Je vous le dis : qui en possède en veut beaucoup plus, et qui en a très-peu ou point du tout se contente de peu. Nous prenons, nous voulons des orateurs instruits, qui aient toutes les dispositions possibles. Vous n'auriez plus qu'à exiger qu'ils soient riches et ensuite supprimer le paiement des fonctions électives, et vous verriez ce qu'il en adviendrait.....

Ils nous promettent toujours plus de travail et de bonnes réformes qu'ils ne peuvent en faire. A cela je pourrais vous dire, comme l'illustre Marmontel, académicien, qu'il en est de l'historien, de l'orateur, comme du poëte : éclairés et vertueux, ce sont les organes de la justice, les flambeaux de la vérité; passionnés et corrompus, ce ne sont plus que les courtisans de la prospérité, les vils adulateurs du crime.

Prenons des travailleurs, des maçons, des forgerons, des peintres, des menuisiers. Mais s'ils ne sont point orateurs, ils auront du moins l'amour de la patrie, ils défendront avec énergie les intérêts du peuple et ils soutiendront leurs corps d'états. Mais, pauvres, ils seront inviolables; la rudesse sera dans leurs paroles, mais la franchise et la vérité qui en sortiront feront place aux faux-fuyants des hypocrites et des traîtres.

Allons, encore aux voix, c'est notre force, et votons. Pas d'abstention ! mais votons pour des ouvriers, citoyens dévoués pour la démocratie, pour la république anti-cléricale.

MA MUSE

Vérité, don du ciel, que chacun doit connaître ;
Vérité, aux mortels, daigne donc apparaître.
O Muse ! inspire-moi ta voix enchanteresse,
De l'injure des temps soulage la détresse ;
Qu'un baume infaillible, par tes mains apporté,
S'applique sur les plaies de notre humanité.

Touché de la misère d'une grande nation,
Qui porte nom : berceau de la civilisation,
Où le pauvre est sans pain, sans travail. sans ressources,
Où le riche opulent ne songe qu'à sa bourse,
Oh ! ne t'étonne point si mon âme outragée
Ne se réveille enfin, peuple, pour te venger.

Si à beaucoup de gens la rime semble affreuse,
Si elle n'a pas rendu la patrie bienheureuse,
Pour le progrès de tous et pour l'humanité,
De la rime, je vous dis, naquit la liberté.

La vérité, je vois, écrase l'imposture ;
Les nouveaux prétendants ont comblé la mesure.
Épris plus que jamais des charmes de la lyre,
Je suis de pas à pas la cité qui soupire ;
A ses nobles efforts je mêle mes accents
Pour réclamer ses droits et ses besoins pressants.

De tous les préjugés qu'engendre la noblesse,
O Muse ! montre-moi la noire scélératesse,
Et qu'un juste courroux enflamme mon ardeur
Pour arracher le masque à de vils imposteurs.

Voilà bientôt quinze ans que le dernier vampire
A laissé tout un peuple présent pour le maudire ;
Je pouvais croire fini le règne des tyrans,
Mais le trône, aujourd'hui, trouve des prétendants.
Tel est cet horloger qu'on appelle Naundorf,
Qui est, dit-on, parent de l'hôte de Frosdorf ;
Malgré toutes leurs sottises, ces cerveaux à l'envers
Rêvent encore un Bourbon étonnant l'univers.

LIBERTÉ

Liberté, quelle grandeur, quel vaste champ embrasse-tu? Libre, tu ne veux point de maître, tu vois l'homme égal à tous les hommes, si ce n'est l'instruction qui élève l'homme et doit le rendre plus humain et plus juste.

Les hommes sont tous frères, les hommes sont égaux devant la tombe, les hommes doivent s'aider les uns les autres.

L'amour de la liberté fit réveiller nos pères de Quatre-Vingt-Neuf. Nos pères étaient les esclaves des seigneurs, et, poussés à bout par les souffrances, les vexations et la misère, ils ont secoué le joug qui pesait sur eux depuis des siècles; ils nous ont délivré d'un tyran en lui faisant justice. C'est à nos pères que nous devons nos premières institutions; nos meilleures lois se sont faites à la Convention nationale, sous la Révolution et la Terreur.

Il fallait que ce sang soit répandu pour apprendre aux tyrans que rien n'est fort comme l'union du peuple. Le peuple, qui sait briser les fers et les bastilles, a vu rayonner la lumière et il vient à elle.

L'instruction, le progrès, tout y contribue; tout tend à progresser pour l'amélioration de notre état social, mais il nous manque..... quoi? des hommes.

A Victor HUGO

O toi! Hugo, le poëte héroïque,
Le bienfaiteur de notre humanité,
Le défenseur de notre république,
Ton nom vivra dans l'immortalité.

Toi qui obtins la grâce de Barbesse,
Qui implora la clémence des rois,
Reçois cet hymne que le peuple adresse
Au vertueux défenseur de ses droits.

Que ton nom soit avec le grand Voltaire,
Le précurseur de la Révolution,
Au livre d'or tout brillant de lumière,
Inscrit des mains de toute la nation.

Que les tourments du chagrin, de l'exil
Soient une tache pour la royauté ;
Si, de nos jours, l'on perd ses droits civils,
Nous les perdrons, c'est pour la liberté.

Tu n'est point mort, non, je ne puis le croire,
Un autre exil te ravit à nos yeux,
Et triomphant, tu viendras plein de gloire
Chanter l'union des peuples valeureux.

AUX PAYSANS

Dans les plaines, dans vos montagnes,
Vous respirez l'air de la liberté,
Et les parfums de vos campagnes
Flattent nos sens au milieu de l'été.

Parmi ces biens de la nature,
Jadis ton aïeul gémissait,
Tu oublies ces temps, je suis sûr,
Où le Seigneur seul existait.

Où le manant devait se taire,
Se courber devant son seigneur,
Sourire, tâcher de lui plaire,
La religion était sa sœur.

Faut-il te parler de la dîme,
Des tyrans de la religion;
Oh! non, je retrouve le crime
Marchant avec l'Inquisition.

Mais le clergé et la noblesse
Furent tes plus cruels ennemis :
De ces apôtres la paresse,
Croit encore trouver des amis.

N'ajoute plus foi au mensonge,
Pour connaître la vérité,
Pour écraser le ver qui ronge
Notre pauvre humanité.

Demande à l'ouvrier en ville,
Aux honnêtes républicains,
Qui donc rêve la guerre civile,
Il dira : ce sont les calotins.

Mais si tu votes pour l'empire,
Pour la réaction, le clergé,
Le mal ira de pire en pire
Pour ceux qui l'auront exigé.

O paysan, tu seras maître,
Uni avec les travailleurs,
Si tu sais voter, connaître,
Les républicains les meilleurs.

Soit méfiant et incrédule,
Pour ces tribuns trop admirés,
Qui te promettent sans scrupule,
De faire renchérir tes denrées.

PLAINTE DES OUVRIERS

O siècle de malheur et même d'infortune,
Où la soif de l'or domine et importune,
Où le petit bourgeois et le bourgeois patron
Occupent l'étranger sans honte, sans affront.
Oh certes, je sais bien que notre liberté
Respecte de l'ouvrier la nationalité ;
Je ne suis point jaloux, à chacun son salaire ;
Je voudrais être seul, seul et dans la misère.
Je voudrais seulement que l'amour de la France,
Chassant des préjugés la faible provenance,
Inspirat au patron d'occuper le français
Avant tout étranger, il serait satisfait ;
Qu'il laissa de côté ces intérêts sordides,
L'honnête travailleur n'a point les yeux humides ;
Si vous êtes vraiment des citoyens français,
Sachez que l'étranger se rit de vos bienfaits,
De votre sot orgueil et de votre insolence,
Mais cela par derrière, devant vous le silence.
Mais si vous préférez des sujets hypocrites,
Près de vous, je le dis, ils auront du mérite.
Cependant il est temps, un retour sur vous-même
Calmerait les esprits des travailleurs eux-mêmes.
Si, faute de français, vous prenez l'italien,
Alors vous méritez le nom de citoyen.

NOTRE SIÈCLE

Oh! quand pourrai-je voir le courage renaître,
La juste vérité et le bon sens paraître,
Des hommes intrépides, justes et vertueux
Pour défendre les droits des pauvres, des malheureux?
O temps peu regretté de mensonge et de ruse,
Plein de belles promesses au monde qui t'accuse
D'inaction, d'indolence et même d'inertie.
O peuple! tu comptais sur leur démocratie,
Mais les hommes sont rares ou plutôt introuvables;
Tu les cherchais, je crois, parmi les plus solvables;
Tu croyais par le nombre imposer tes décrets,
Mais l'ambition captive plus que les intérêts.
O siècle de malheur! que tes hommes repus
Me disent en ces lieux s'ils sont corrompus,
Si la crainte les retient, s'ils sont passionnés,
Et morbleu si pour rien s'écoulent leurs années.
Pourtant par nos suffrages, notre majorité,
Ne méritions-nous pas plus de l'égalité.
Ta générosité bien plus qu'hospitalière
Pensait-elle tolérer la famille princière;
Le trône avait-il peur de confisquer les biens,
Et l'exil, et Cayenne, pour les grands citoyens.

Ta générosité sera-t-elle plus grande
Pour donner un bâton à qui te le demande !
Le feu qui sous la cendre se brûle en silence
Attend que la misère auprès de lui s'avance
Pour lui donner d'un coup mille gerbes de feux :
Qui payera les frais ? Ce sont toujours les gueux.

Ne verrai-je jamais des hommes courageux,
Sages et éloquents au-dessus du vulgaire,
Ayant pour seul amour les droits des malheureux,
Haïssant les despotes, les tyrans, l'arbitraire,
Pour soulever le monde contre ceux qui l'oppressent,
Lui montrant l'odieux d'une gloire barbare,
De ceux qui la fomentent dans l'oisive paresse,
Qui n'ont qu'une ambition : étendre leur pouvoir.

LE FLÉAU DE L'HUMANITÉ

Peuple, ne connais-tu point ce fléau des humains qui te poursuit sans cesse, et toi et les plus grandes nations? Ignores-tu que des temps se sont passés et que le fanatisme existe encore dans le sein de la mère-patrie. Que malgré l'Inquisition, malgré le massacre de tes frères protestants, le triste jour de la Saint-Barthélemy, que toutes les guerres enfin viennent par la sombre politique du Vatican.

O législateur! qui n'avez point pensé à cela, vous qui pouviez avancer le bien-être moral et matériel des mortels; vous qui pouviez sonder la plaie de l'humanité et la guérir à tout jamais du chancre qui la pénètre; vous dont le devoir était de supprimer pour toujours ces êtres immoraux, ces vendeurs du temple.

Vous ne l'avez point fait. Était ce la crainte de vous attaquer à plus forts partis, fussent-ils ceux de l'ambition, de l'orgueil, de l'hypocrisie et de la paresse? Vous hommes éclairés, amis de la vérité, mais qui ne la vouliez dans votre pur égoïsme que pour vous seuls.

Pourquoi, retardataires, ne suiviez-vous point le sublime exemple de ces hommes de lumière qui ont pour noms Voltaire, Victor Hugo, Molière, Boileau, Marmontel, Jean-Jacques Rousseau. Voltaire ne vous le dit-il point dans son immortel poème de la Henriade, au sujet de Jacques Clément, payé et fanatisé par eux pour assassiner son roi :

Et de la mort d'un roi moins coupable peut-être
Que ces lâches docteurs ennemis de leur maître,
Dont la voix répandant un funeste poison,
D'un faible solitaire égara la raison.

VOLTAIRE. — La Henriade.

N'ont-ils point agi de même pour Henri IV. Ne l'ont-ils point fait assassiner par le fanatique François Ravaillac.

Oh ! honte à ce clergé immonde que le sang et le meurtre n'ont pas arrêté dans sa marche sanguinaire, mais qui l'ont constamment suivie !

Ne serez-vous point ennemis du clergé avec l'illustre Marmontel, académicien, lui qui fut menacé du bûcher, il y a tout au plus un siècle, et qui ne dut son salut que grâce à son titre d'académicien ? Qu'avait-il fait pour mériter pareil châtiment ? Il avait tout simplement déclaré ses convictions dans un livre intitulé : Bélisaire. En voici quelques passages :

« Ce que j'ai voulu rendre odieux, dit-il, c'est l'atrocité de l'erreur qui damne les fidèles de bonne foi qui ont suivi la loi naturelle ; ce que j'ai voulu rendre odieux, c'est l'atrocité des persécutions, les poignards aiguisés par le fanatisme, les bûchers allumés au nom d'un Dieu de paix : si c'est là votre christianisme, ce n'est point celui de l'Évangile, et je déclare que ce n'est pas le mien.

« MARMONTEL. »

Peuple, ne vois-tu pas que, même avec les rois, ces êtres n'ont pu vivre en bonne intelligence! Ne vois-tu point, comme tous les grands hommes, que l'ambition, que l'orgueil, que la paresse existent seuls dans le clergé.

Quand donc, ô peuple! ô nations! quand donc comprendrez-vous que ce ne sont pas seulement les tyrans, mais le clergé qui fait la guerre et qu'il est incompatible avec tous les gouvernements!

N'est-ce point assez de voir joint aux crimes du passé, aux crimes du présent, aux crimes journaliers que ces monstres en soutanes accomplissent pour devenir anti-clérical!

> Hélas! la vérité en ce temps de malheurs,
> A quantité de gens fait une belle peur.

Eh bien! moi, je n'aurai point peur. Allons, bas le masque, et montrez-vous, citoyen de Rome. Montrez votre hypocrisie un seul instant visible. Continuez d'inculquer vos bons principes à la jeunesse qui vous est confiée, mais avec un peu plus d'ardeur, et nous verrons bientôt se répandre innombrables cette fois les nouveaux doctes de la sodomie.

> Je brave vos édits et malgré votre rage,
> Je serai le plus fort et j'aurai du courage.
> Vous pouvez me ravir ma liberté chérie,
> Vous ne souillerez point le passé de ma vie.

Lyon, Imprimerie BERTHET, rue de Chartres, 26